Impressum
Verlag: BABADADA GmbH, Nedderfeld 112 , 22529 Hamburg
Geschäftsführer / Verlagsleitung: Harald Hof
Druck: Books on Demand GmbH, In de Tarpen 42, 22848 Norderstedt

Imprint
Publisher: BABADADA GmbH, Nedderfeld 112 , 22529 Hamburg, Germany
Managing Director / Publishing direction: Harald Hof
Print: Books on Demand GmbH, In de Tarpen 42, 22848 Norderstedt, Germany

iskola
ښوونځی

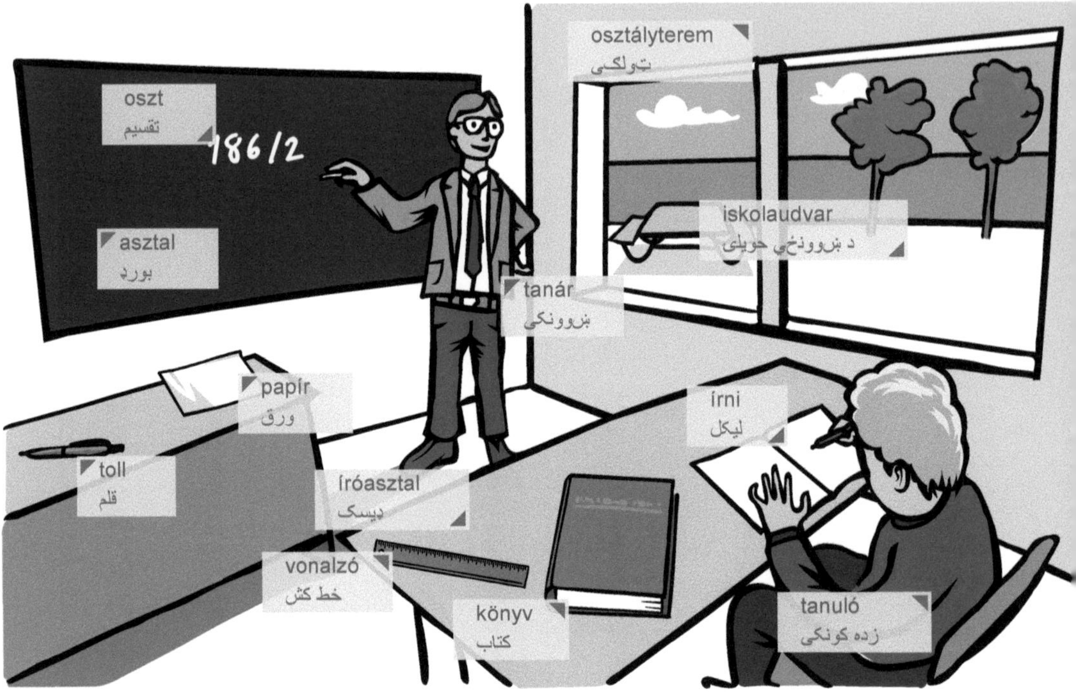

osztálytetem
ټولګی
oszt
تقسیم
186/2
asztal
بورډ
iskolaudvar
د ښوونځي حویلی
tanár
ښوونکی
papír
ورق
írni
لیکل
toll
قلم
íróasztal
ډیسک
vonalzó
خط کش
könyv
کتاب
tanuló
زده کونکی

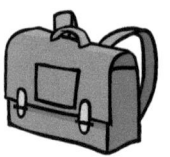

iskolatáska

کڅوړه

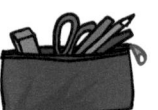

tolltartó

د پنسل بکسه

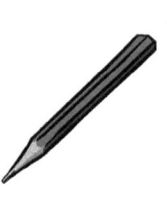

ceruza

پنسل

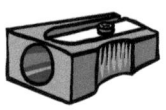

ceruzahegyező

پنسل تراش

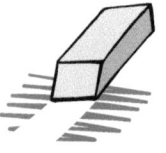

radír

ربړ

rajzfüzet

د رسامۍ پاڼه

rajz

رسامي

ecset

د نقاشی برس

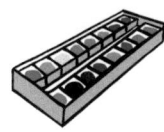

festőkészlet

د نقاشی بکس

olló

قيچي

ragasztó

سريش

munkafüzet

د تمرين کتاب

házi feladat

کورنۍ دنده

12

szám

شمير

2+2

összead

جمع

5-2

kivon

منفي

2×2

szoroz

ضرب

számol

حساب

A

betű

توری

ABCDEFG
HIJKLMN
OPQRSTU
VWXYZ

ABC

الفبا

hello

szó

کلمه

szöveg

متن

olvasni

لوستل

kréta

تباشير

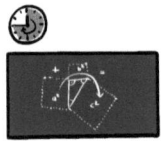

tanóra

درس

napló

راجستر

vizsga

ازموینه

bizonyítvány

تصدیق پانه

iskolai egyenruha

د ښوونځي یونیفارم

oktatás

تعلیم

enciklopédia

دایره المعارف

egyetem

پوهنتون

mikroszkóp

مایکروسکوپ

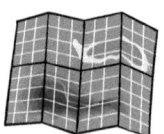

térkép

نقشه

papír-hulladék gyűjtő

اشغالدانی

hotel
هوتل

Grand

szállás
ليليه

ROOMS

valutaváltó iroda
د اسعارو د تبادلي دفتر

bőrönd
بکس

autó
موټر

EXCHANGE

nyelv
....
ژبه

igen/nem
....
هو/نه

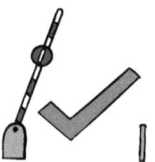

rendben
....
سمه ده

szia
....
سلام

fordító
....
ژباړونکی

köszönöm
....
مننه

mennyibe kerül...?

څومره دي...؟

nem értem

زه نه پوهیږم

probléma

ستونزه

Jó estét!

ماښام مو پخیر!

jó reggelt!

سهار په خیر!

jó éjszakát!

شپه په خیر!

viszontlátásra

په مخه مو ښه

útirány

لارښود

poggyász

سامان

táska

بیگ

hátizsák

شاتنی بکس

vendég

میلمه

szoba

خونه

hálózsák

د خوب کڅوړه

sátor

خیمه

turista információ

د توریزم معلومات

strand

ساحل

hitelkártya

کریدیت کارت

reggeli

ناری

ebéd

د غرمې خواړه

vacsora

د شپې خواړه

jegy

تیکټ

lift

لفټ

bélyeg

مهر

határ

پوله

vám

ګمرک

nagykövetség

سفارت

vízum

ویزه

útlevél

پاسپورټ

közlekedés

ټرانسپورټ

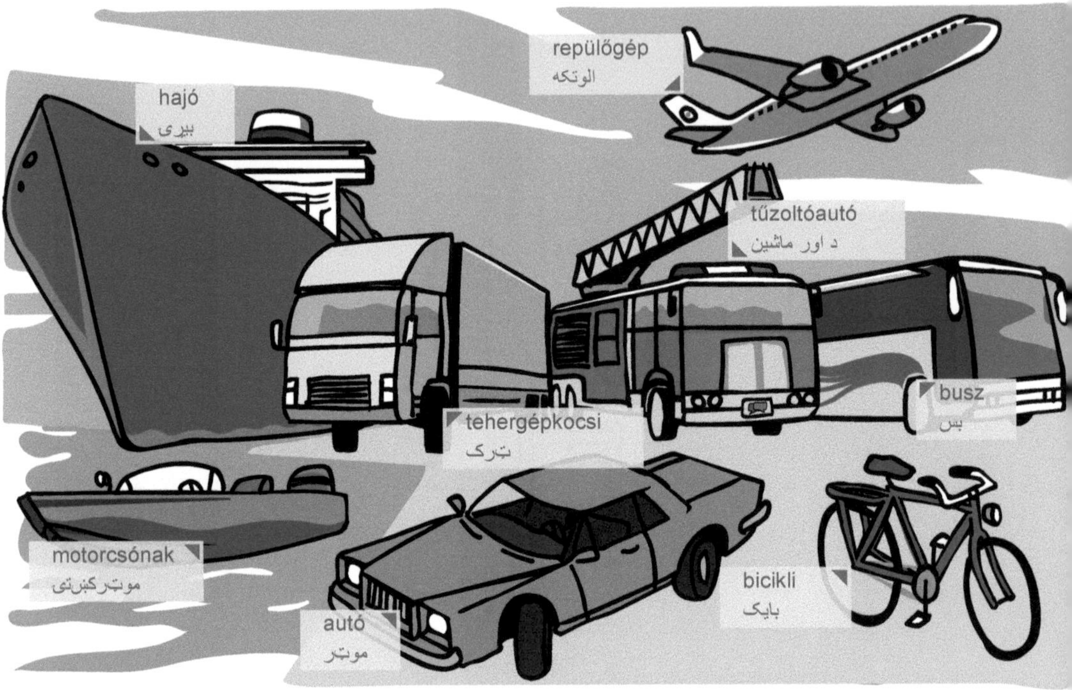

repülőgép
الوتکه
hajó
بېړی
tűzoltóautó
د اور ماشين
busz
بس
tehergépkocsi
ټرک
motorcsónak
موټرکښتۍ
bicikli
بايک
autó
موټر

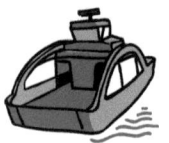

komp

کښتۍ

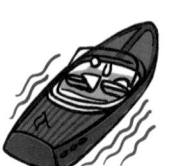

csónak

کښتۍ

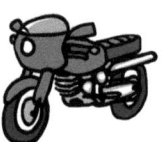

motorkerékpár

موټرسايکل

rendőrautó

د پوليسو موټر

versenyautó

د ريس موټر

bérautó

کرايي موټر

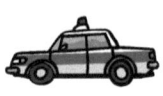

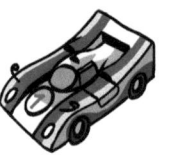

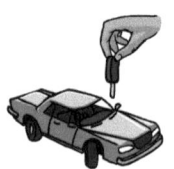

telekocsi

د کرایه موټری

vontató

جرثقیل لرونکی ټرک

szemetes autó

ریفیوز ټرک

motor

موټر

üzemanyag

سونګ توکي

benzinkút

پټرول سټیشن

közlekedési tábla

ترافیکي نښه

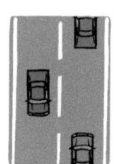

forgalom

ترافیک

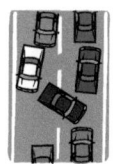

forgalmi dugó

جام ترافیک

parkoló

د موټرو تمځای

vonatállomás

د ریل سټیشن

sínek

پاټنکي

vonat

ریل

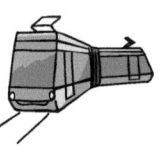

villamos

ټرام

vagon

واګون

helikopter

چورلکه

repülőtér

هوايي ډگر

torony

برج

utas

مسافر

konténer

کانتينر

kartondoboz

کارتون

taliga

کارت

kosár

ټوکری

felszáll / leszáll

الوتنه کول/کښېناستل

város

بنار

falu

کلی

városközpont

د بنار مرکز

ház

کور

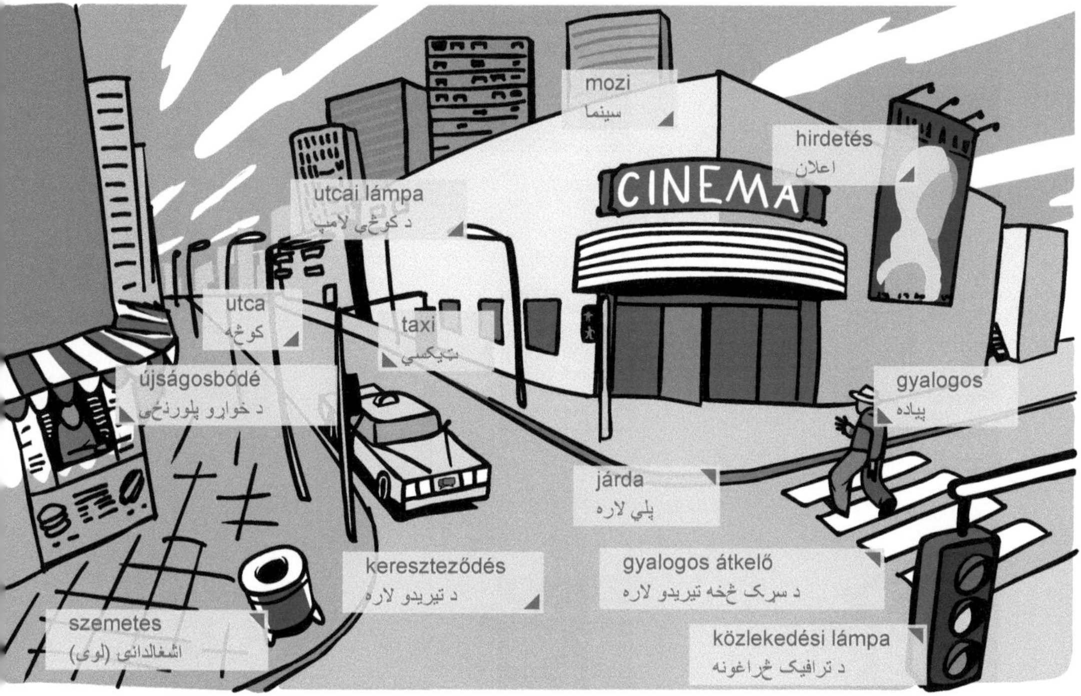

mozi
سينما

utcai lámpa
د کوڅي لامپ

hirdetés
اعلان

CINEMA

utca
کوڅه

taxi
ټيکسي

gyalogos
پياده

újságosbódé
د خوارو پلورنځی

járda
پلي لاره

keresztezödés
د تيريدو لاره

gyalogos átkelő
د سړک څخه تيريدو لاره

szemetes
اشغالدانی (لوی)

közlekedési lámpa
د ترافيک څراغونه

kunyhó
کوډله

lakás
اپارتمان

vonatállomás
د ریل ستیشن

városháza
ټاون هال

múzeum
ميوزيم

iskola
ښوونځی

egyetem

پوهنتون

bank

بانک

kórház

روغتون

hotel

هوټل

gyógyszertár

درملتون

iroda

دفتر

könyvesbolt

کتاب پلورنځی

üzlet

پلورنځی

virágüzlet

د ګلانو پلورنځی

szupermarket

لوی پلورنځی

piac

مارکیټ

áruház

د ډیپارتمنت ستور

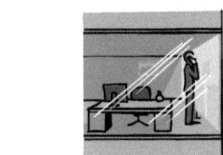

halárus

کب پلورنځی

bevásárló központ

د پلور مرکز

kikötő

لنگرتون

park

پارک

pad

بینچ

híd

پل

lépcső

زینه

metró

د خُمکي لاندي

alagút

تونل

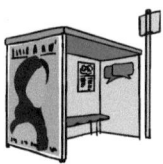

buszmegálló

بس تمځای

bár

بار

étterem

ریسټورانت

postaláda

پوست بکس

utcatábla

د کوڅې نښه

parkoló óra

د پارک کولو میتر

állatkert

ژوبن

uszoda

د لامبو حوض

mecset

مسجد

gazdálkodás

كرونده

környezetszennyezés

ناپاكي

temető

هديره

templom

چرچ

játszótér

د لوبو ځګر

szentély

معبد/كليسا

táj

منظره

levél
پانه

útjelző tábla
د لارښوونې نښه

út
لاره

rét
چمن

kő
كاڼى

fa
ونه

túrázó
هيكر

folyó
سيند

fű
واښه

virág
ګل

völgy

دره

domb

غوندی

tó

ناور

erdő

خُنگل

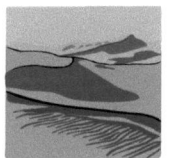

sivatag

دشته

vulkán

اورشیندی

kastély

کلا

szivárvány

رنگین کمان

gomba

مرخیړي

pálmafa

پلم ونه

szúnyog

ماشي

légy

الوتل

hangya

میږی

méhecske

مچی

pók

غوندڼ/جولا

bogár

گونكت

béka

چونگپه

mókus

نولى

sündisznó

زىزىكى

nyúl

سوى

bagoly

گونگ

madár

مرغى

hattyú

قازە

vaddisznó

نرخوگ

szarvas

هوسى

rénszarvas

گاوزە

gát

بند

szélturbina

بادي توربين

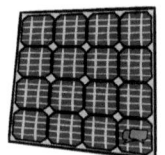

napelem

سولر تختى

éghajlat

اقليم

étterem

ریسټورانټ

pincér
پیشخدمت
menü
مینو
szék
چوکۍ
leves
سوپ
pizza
پیزا
terítő
د میز ټوټه
evőeszköz
بڼاخۍ، چاقو، کاشوغه

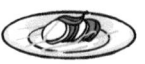

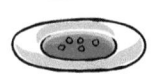

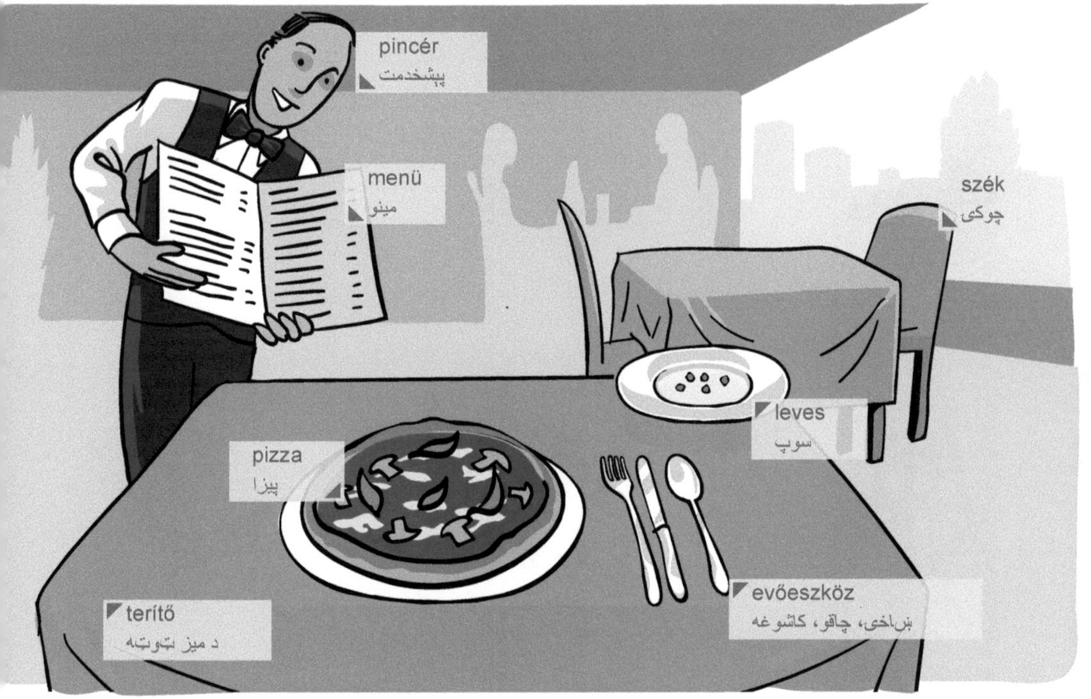

előétel
....
سټارټر

főétel
....
اصلي خواړه

desszert
....
شیرني

italok
....
څښاک

étel
....
خواړه

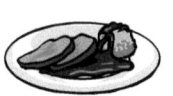

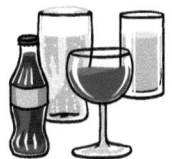

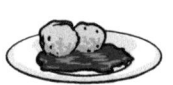

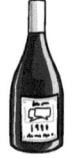

üveg
....
بوتل

gyorsétel

فاست فود

gyorsétel

د کوڅي خواره

teás kanna

چای جوش

cukortartó

قندانی

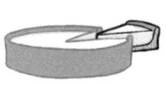

adag

برخه

eszpresszógép

اسپرسو مشین

bárszék

لورہ چوکی

számla

رسید

tálca

مجمه

kés

چاکو

villa

پنجه

kanál

قاشق

teáskanál

چای قاشق

szalvéta

سورویت

pohár

ګلاس

tányér

پلیټ

leveses tányér

د سوپ پلیټ

csészealj

نالبکی

szósz

ساس

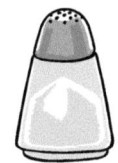

sószóró

مالګه شیندونکی

borsőrlő

د مرچ ټکولو لوخی

ecet

سرکه

étkezési olaj

غوړي

fűszerek

مساله

ketchup

کچ اپ

mustár

شُرِشُم

majonéz

چکه

szupermarket
لوی پلورنځی

The illustration shows a supermarket scene with labels:

- **különleges ajánlat** — خانګړی وراندیز
- **ügyfél** — پیرودونکی
- **tejtermék** — لبنیات
- **gyümölcsök** — میوه
- **bevásárló kocsi** — لاسي ګرځ

---

hentes

قصابي

pékség

نانوایی

---

nyom valamennyit

وزن کول

zöldség

سبزیجات

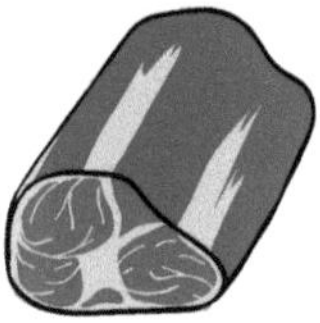

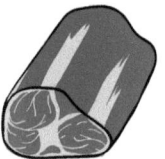

hús

غوښه

fagyasztott áru

کنګل خواره

felvágott

یخه غوښه

konzerv

کنسروا خواړه

mosópor

د مینځلو پوډر

édességek

شیریني

háztartási termék

کورني تولیدات

tisztítószerek

د پاکولو محصولات

eladó

د پلور فرد

pénztárgép

د نغدي راجستر

eladó

صراف

bevásárló lista

د پیرود لیست

nyitva tartás

کاري ساعتونه

levéltárca

بټوه

hitelkártya

کریدیټ کارت

zacskó

کڅوړه

műanyag zacskó

پلاستیک کڅوړه

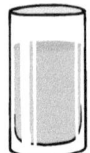

víz

اوبه

gyümölcslé

جوس

tej

شیده

kóla

کوک

bor

واین

sör

بیر

alkohol

الکول

kakaó

ککاو

tea

چای

kávé

کافي

eszpresszó

اسپرسو

kapucsínó

کپچینو

banán

کیله

alma

مڼه

narancs

نارنج

sárgadinnye

هندوانه

citrom

لیمو

sárgarépa

گازره

fokhagyma

هوږه

bambusz

بانکس

hagyma

پیاز

gomba

مرخیړي

magvak

چغزی

nokedli

آش

spagetti

سپیگتي

rizs

وریجي

saláta

سلاد

sült krumpli

چپس

sült burgonya

سره کړي کچالو

pizza

پیزا

hamburger

همبرگر

szendvics

ساندویچ

hússzelet

کتره

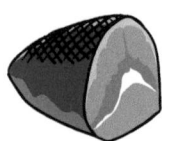

sonka

د پتون غوښه

szalámi

سلمي

kolbász

ساسچ

csirke

چرگ

pecsenye

روسټ

hal

کب

خواړه - étel

zabkása

د وربشي شيريني

müzli

موسلي

kukoricapehely

د جوار پلی

liszt

اوړه

croissant

کروسانت

zsemle

د ډوډی رول

kenyér

ډوډی

pirítós kenyér

ټوسټ

keksz

بسکیت

vaj

کوچ

túró

چکه

sütemény

کیک

tojás

هگی

tükörtojás

پنیسی هگی

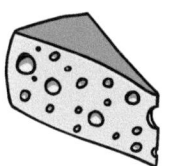

sajt

پنیر

jégkrém

آيس كريم

cukor

بوره

méz

شهد

lekvár

مربا

mogyorókrém

نوگات كريم

curry

كوركمان

gazdálkodás

کرونده

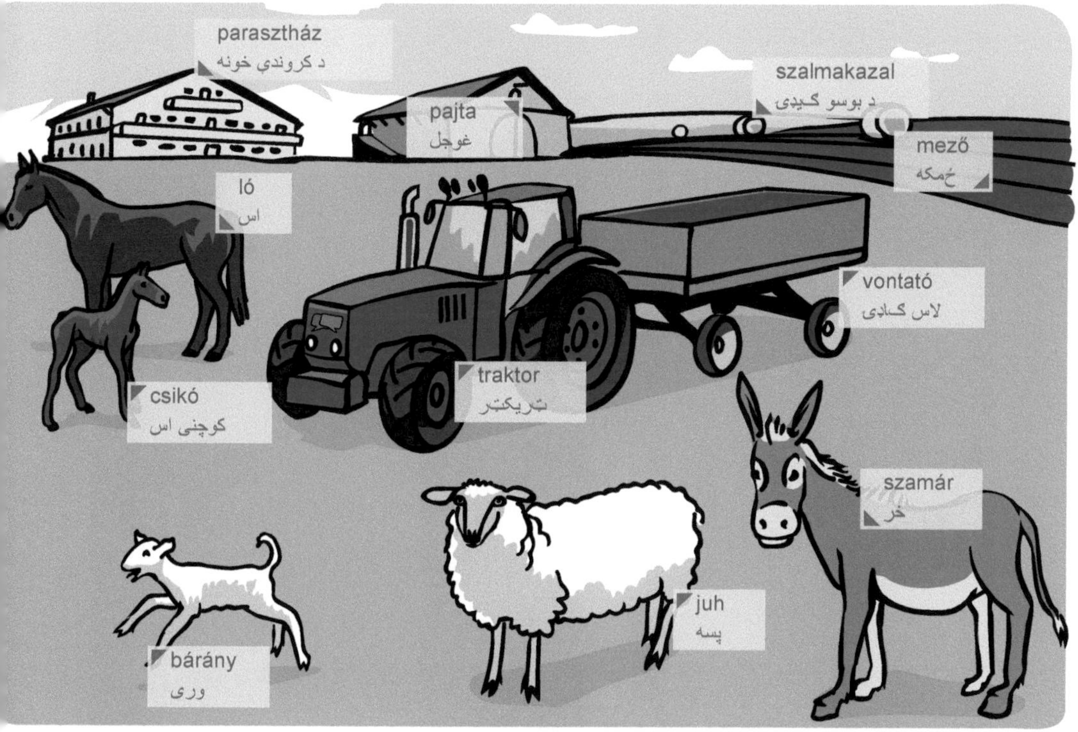
parasztház
د کروندې خونه
pajta
غوجل
szalmakazal
د بوسو ګېډۍ
mező
ځمکه
ló
اس
vontató
لاس ګاډی
traktor
ټریکټر
csikó
کوچنی اس
szamár
خر
juh
پسه
bárány
وری

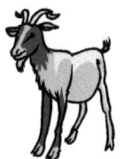

kecske

وزه

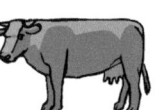

tehén

غوا

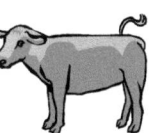

borjú

خوسکی

malac

خوګ

kismalac

د خوګ بچی

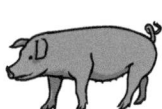

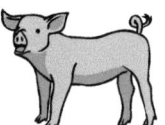

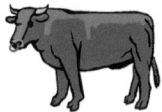

bika

غویی

liba

بته

kacsa

هیلی

csibe

چرگوړی

tojó

چرگه

kakas

بانگي

patkány

سارای موږک

macska

پیشک

egér

موږک

ökör

غویی

kutya

سپی

kutyaház

د سپي خونه

kerti öntözőcső

د باغ هوز

öntözőkanna

د اوبو لوخی

kasza

لور (داس)

eke

یوی

sarló

لور

kapa

رمبی

vasvilla

بشاخی

fejsze

تبر

talicska

کراچی

teknő

ناوه

tejes kancsó

د شیدو لوخی

zsák

جوال

kerítés

کتاره

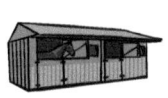

istálló

مضبوط

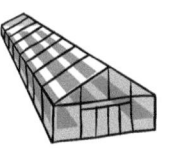

üvegház

ښنه خونه

talaj

خاوره

vetőmag

تخم

trágya

سره/کود

cséplőgép

گد ریبونکی ماشین

szüretelni

زيرمه کول

betakarítás

درمند

yamgyökér

خواړه کچالو

búza

غنم

szója

سويا

burgonya

کچالو

kukorica

جوار

repcemag

نباتي تخم

gyümölcsfa

د ميوي ونه

manióka

مانيوک

gabona

غله

ház
کور

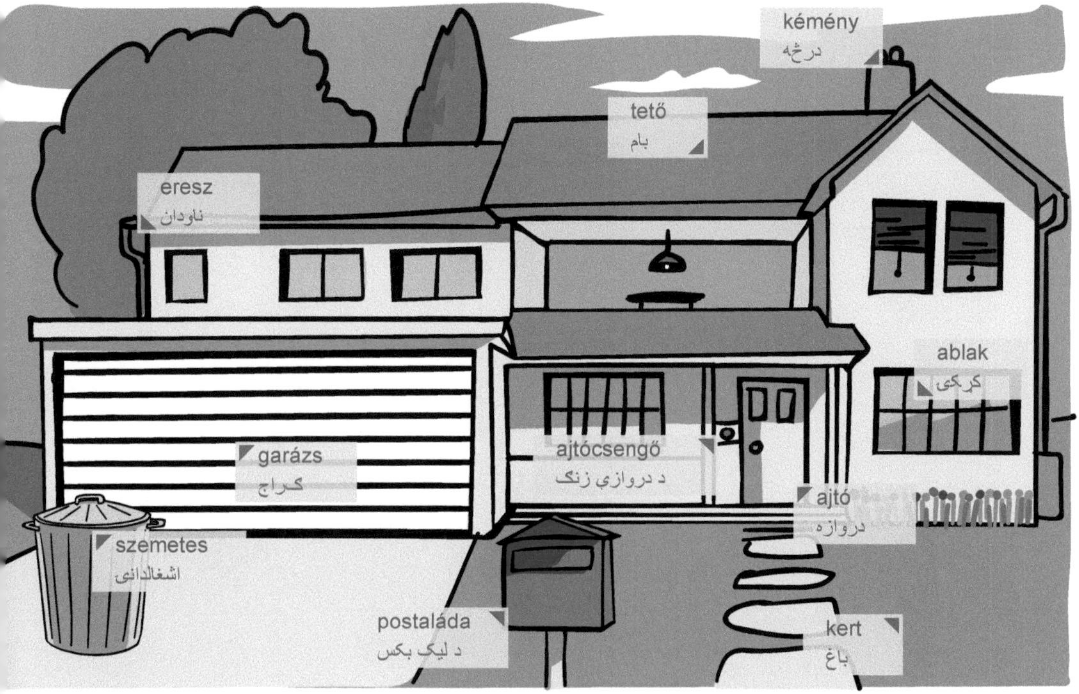
kémény
درځه
tető
بام
eresz
ناودان
ablak
کړکۍ
garázs
ګراج
ajtócsengő
د دروازې زنګ
ajtó
دروازه
szemetes
اشغالدانۍ
postaláda
د لیک بکس
kert
باغ

nappali
....
د اوسیدو خونه

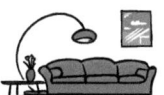

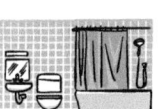

fürdőszoba
....
حمام

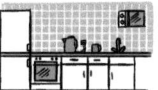

konyha
....
پخلنځی

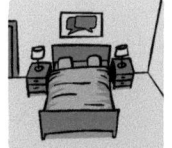

hálószoba
....
د ویده کیدو خونه

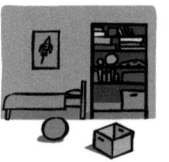

gyerekszoba
....
د ماشوم خونه

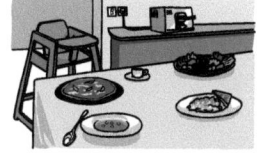

ebédlő
....
د خوارو خونه

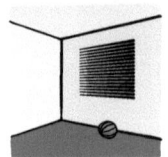

padló

فرش

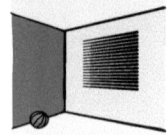

fal

دیوال

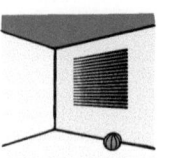

plafon

چت

pince

زیرخانه

szauna

سونا

erkély

بالکونی

terasz

تراس

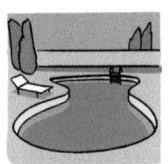

medence

حوض

fűnyíró

د چمن وهلو ماشین

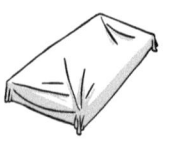

lepedő

شیت

ágytakaró

روجایی

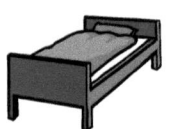

ágy

تخت

seprű

جارو

vödör

بوکه

kapcsoló

سویچ

nappali

د اوسيدو خونه

tapéta
والپيپر
kép
عکس
lámpa
لامپ
polc
شيلف
szekrény
الماری
televízió
تلويزيون
kandalló
نغری
virág
گل
párna
بالښت
kanapé
صوفه
váza
گلدانی
távirányító
ريموټ کنټرول

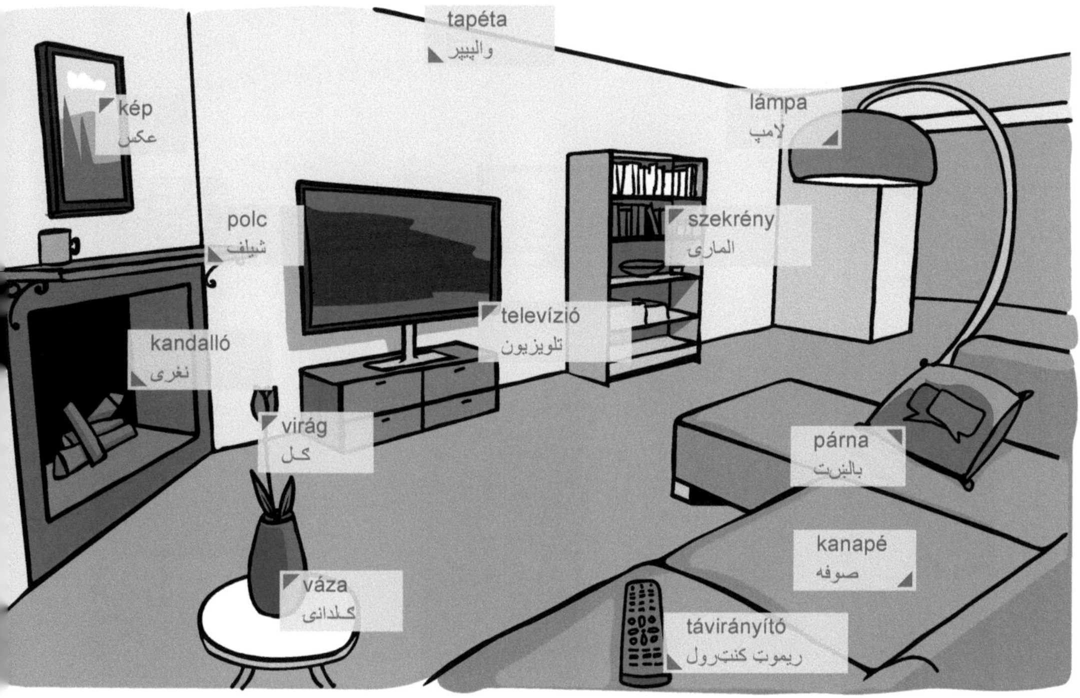

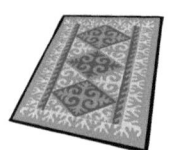

szőnyeg

غالی

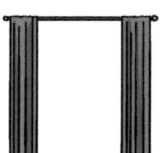

függöny

پرده

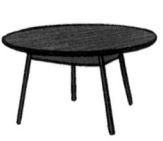

asztal

ميز

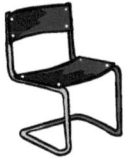

szék

چوکی

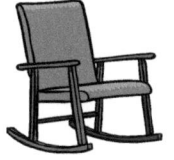

hintaszék

تاوېدونکي چوکی

karosszék

بازو لرونکی چوکی

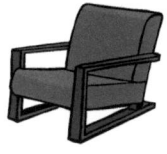

könyv

كتاب

takaró

كمپل

dekoráció

ديكوريشن

tűzifa

د اور لرګي

film

فلم

hifi

هايفای

kulcs

كلي

újság

ورځپاڼه

festmény

نقاشي

poszter

پوسټر

rádió

راډيو

jegyzetfüzet

كتابچه

porszívó

واكيوم جارو

kaktusz

كاكتوس

gyertya

شمع

konyha
پخلنځی

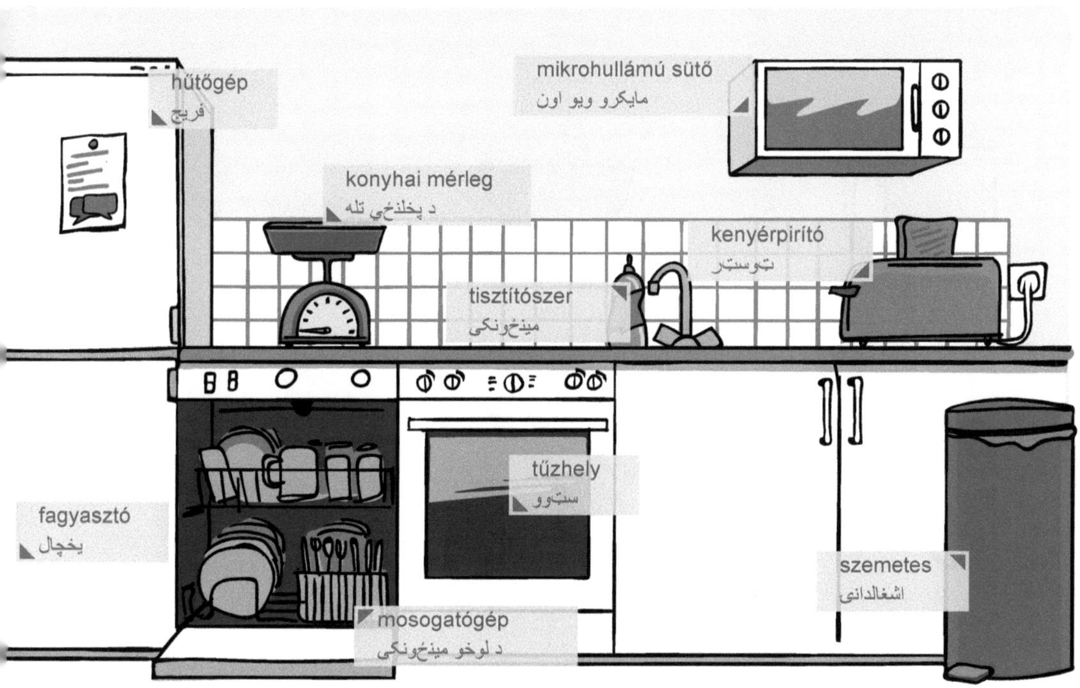
hűtőgép
فریج
mikrohullámú sütő
مایکرو ویو اون
konyhai mérleg
د پخلنځي تله
kenyérpirító
ټوسټر
tisztítószer
مینځونکی
tűzhely
سټوو
fagyasztó
یخچال
szemetes
اشغالدانی
mosogatógép
د لوخو مینځونکی

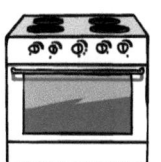

tűzhely

دیگ بخار

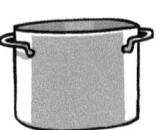

edény

لوخی

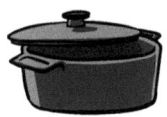

vasfazék

چدني لوخی

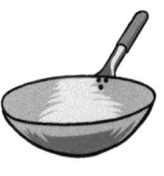

wok / kadai

ووک

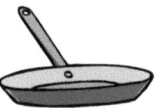

serpenyő

د تلي په

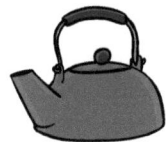

vízforraló

چای جوش

pároló

د بخار ديگ

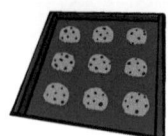

tepsi

پتنوس

étkészlet

لوخي

bögre

مگ

tálka

کاسه

evőpálcika

د رانيولو اوزار

merőkanál

څمڅی

keverőlapátka

کفگير

habverő

پاکونکی

szűrő

صافي

szita

غلبيل

reszelő

گريتر

mozsár

اونگ

grillsütő

بار بي کيو

kandalló

خلاص اور

vágódeszka

تخته

sodrófa

هوارونکی

dugóhúzó

کارک سکريو

doboz

ټيم

konzervnyitó

د ټيم خلاصونکی

edényfogó

د لوخي ټوټه

mosogató

ظرف شوی

kefe

برس

szivacs

سپنج

turmixgép

بليندر

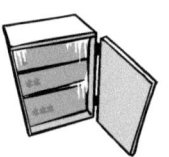

mélyhűtő

ژور يخچال

cumisüveg

د ماشوم بوتل

csap

نل

fürdőszoba

حمام

fűtés
تودول
törölköző
جان پاک
zuhany
شاور
zuhanyfüggöny
د شاور پرده
habfürdő
ببل حمام
kád
د حمام ټب
pohár
ګلاس
mosógép
د مينځلو مشين
csempe
ټايلونه
csap
نل
bili
يو دول كمود
mosogató
ظرف شوی

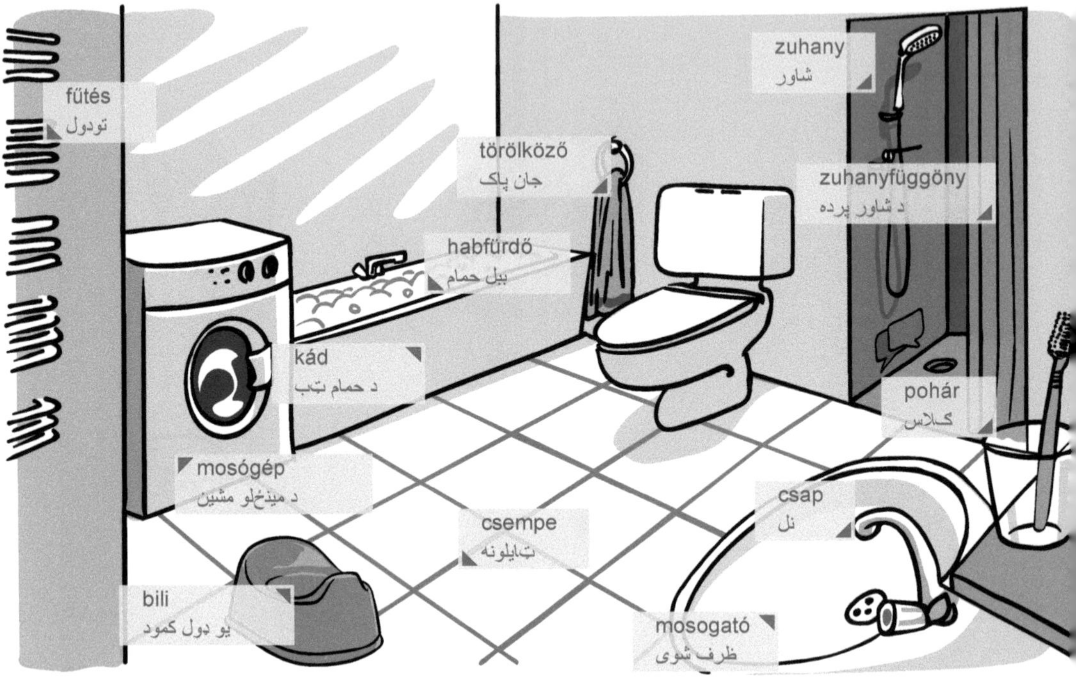

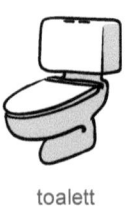

toalett

تشناب

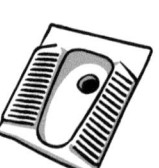

guggolós toalett

فرشي كمود

bidé

كمود

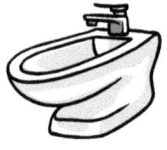

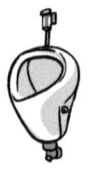

piszoár

د متيازو ځای

toalett papír

تشناب كاغذ

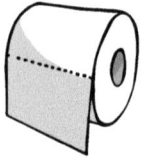

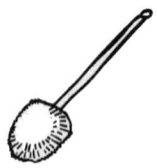

wc kefe

د تشناب برس

fogkefe

د غاښونو برس

fogkrém

د غاښونو کریم

fogselyem

د غاښونو نخ

mosni

مینځل

kézi zuhany

لاسي شاور

intimzuhany

دوش

mosdótál

خانک

hátmosó kefe

د شا برس

szappan

صابون

tusfürdő

د شاور ژل

sampon

شامپو

mosdókesztyű

فلانل جامه

lefolyó

وچول

krém

کریم

dezodor

سپری

tükör

آینه

kézitükör

لاسي آینه

borotva

ریزر

borotvahab

د خریلو فوم

borotválkozás utáni arcszesz

د خریلو وروسته

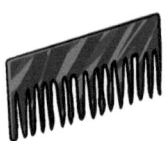

fésű

ګمنځ

hajkefe

برس

hajszárító

د وینښتانو وچونکی

hajlakk

د وینښتانو سپری

smink

میک اپ

ajakrúzs

لیپ ستیک

körömlakk

د نوکانو پالش

vatta

کاتن وری

körömvágó olló

ناخن ګیر

parfüm

عطر

neszesszer

د میدخلو کڅوره

sámli

ستول

mérleg

د وزن کولو تله

köntös

د حمام پوښاک

gumikesztyű

د ربر دستکش

tampon

تامپون

egészségügyi betét

صحیی جان پاک

vegyi WC

کیمیکل تشناب

gyerekszoba
د ماشوم خونه

ébresztő óra
د الارم ساعت
plüssállat
د لوبو وسایل
játékautó
د ناڅکي موټر
csörgő
ریټل
babaház
د ناڅکو خونه
ajándék
ډالۍ

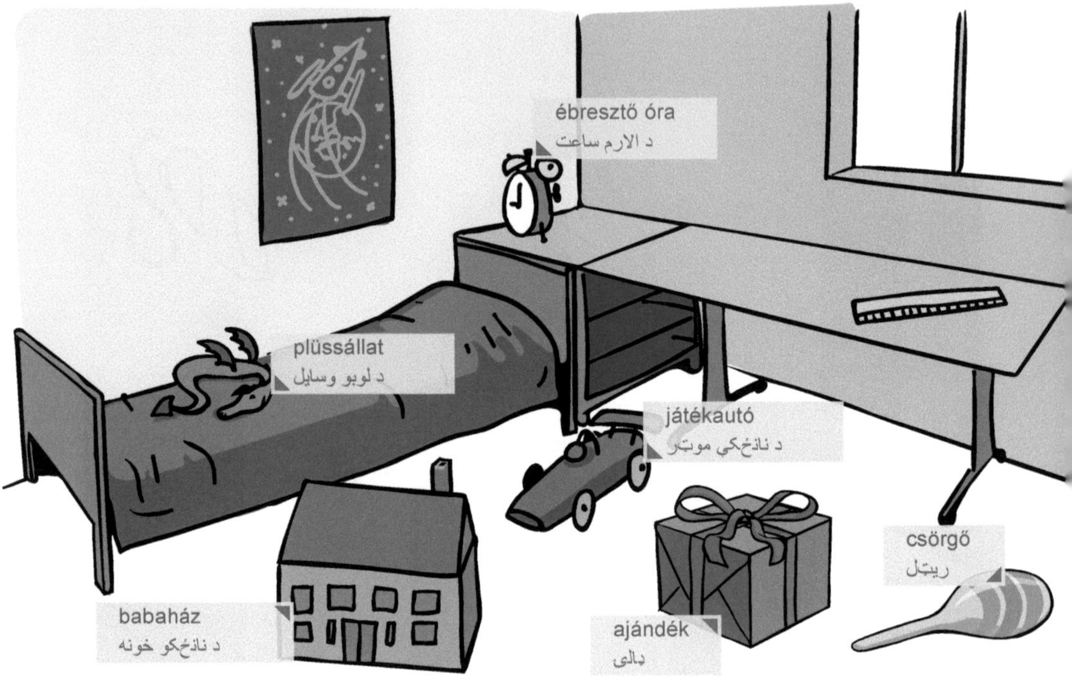

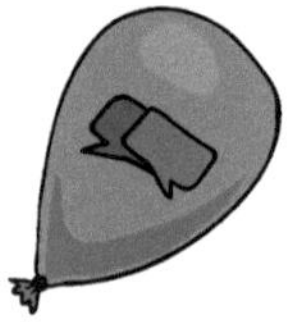

lufi
بالون

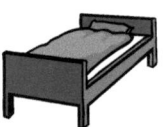

ágy
تخت

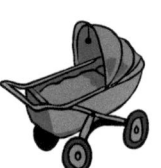

babakocsi
کالسکه

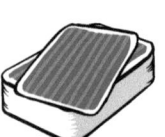

kártyapakli
د لوبو ورقي

kirakós játék
جیګسا

SUPER
MEGA
képregény
مسخره

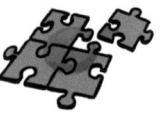

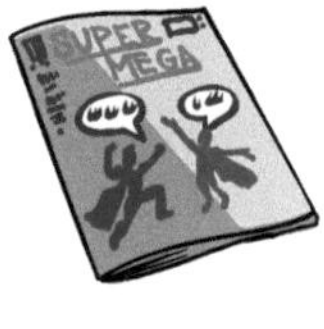

építőkockák

لیکو بریک

építőelem

د ناڅوکو بلاک

szuperhős

د اکشن فیکور

rugdalózó

د ماشوم پوښاک

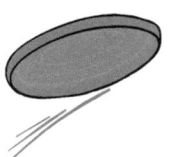

frizbi

فریزبي

zenélő forgó

موبایل

társasjáték

بورد لوبه

kocka

تاس

modellvasút

مادل ریل سیټ

cumi

ګونګشی

zsúr

پارټي

képeskönyv

د عکسونو البوم

labda

بال

baba

ناڅوکه

játszani

لوبیدل

homokozó

د شګو کنده

hinta

سوينګ

játékok

ناندخکي

videójáték konzol

د ويډيو لوبو کنسول

tricikli

ټرای سايکل

teddi maci

ګوډکه

ruhásszekrény

د کالو الماری

ruházat

پوښاک

zokni

جرابي

harisnya

لوړي جرابي

harisnyanadrág

ټايټس

sál
زروکی

esernyő
چتری

póló
تي شرت

öv
کمربند

csizma
بوټان

papucs
سلیپر

tornacipő
سنیکر

szandál
سیندل

cipő
بوټان

gumicsizma
د ربر بوټان

alsónadrág
زیرنیکري

melltartó
سینه بند

mellény
واسکت

body

بادي

nadrág

پتلون

farmer

جينز

szoknya

لمن

blúz

بلاوز

ing

شرت

pulóver

بنيان

kapucnis pulóver

سويتر

blézer

بليزر

dzseki

جاكت

kabát

كوت

esőkabát

د باران كوت

kosztüm

پوښاک

ruha

كالي

esküvői ruha

د واده پوښاک

öltöny

دريشي

hálóing

د شپې پوښاک

pizsama

پاجامه

szári

ساړي

fejkendő

لوپټه

turbán

پټکی

burka

برقه

kaftán

کفتن

abaya

عبا

fürdőruha

د لامبو پوښاک

fürdőnadrág

نیکر

rövidnadrág

شارټ

tréningruha

د ځغاستې پوښاک

kötény

پیش بند

kesztyű

دستکش

gomb

بتن

szemüveg

عینک

karkötő

لاس بند

nyaklánc

غاړه کۍ

gyűrű

ګوتمه

fülbevaló

غوږوالۍ

sapka

خولۍ

vállfa

کوټ بند

kalap

خولۍ

nyakkendő

نتایی

cipzár

څنځیر

bukósisak

هیلمیت

nadrágtartó

ترونکی

iskolai egyenruha

د ښوونځي یونیفارم

egyenruha

یونیفارم

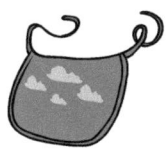

előke

ببب

cumi

گونگشی

pelenka

نيپي

iroda

دفتر

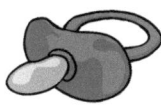

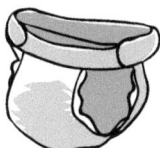

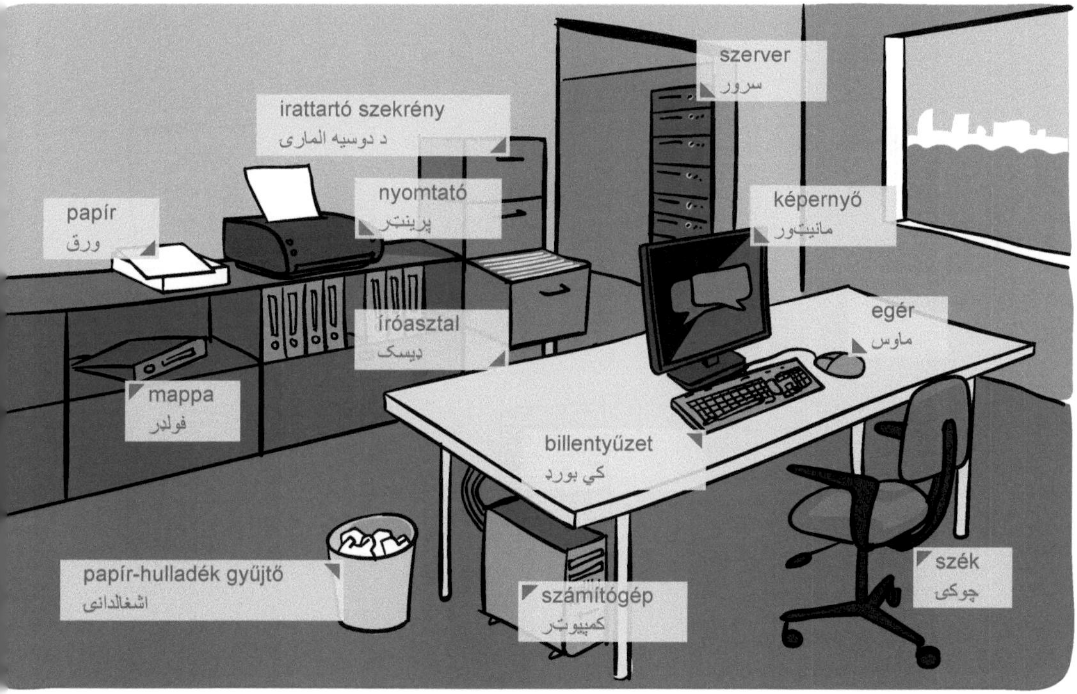

szerver
سرور
irattartó szekrény
د دوسيه الماری
papír
ورق
nyomtató
پرينټر
képernyő
مانيټور
íróasztal
ډيسک
egér
ماوس
mappa
فولډر
billentyűzet
کي بورډ
papír-hulladék gyűjtő
اشغالدانی
szék
چوکی
számítógép
کمپيوټر

kávéscsésze

د کافي پیاله

számológép

کالکولیټر

internet

انټرنیټ

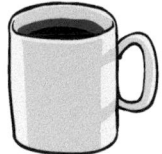

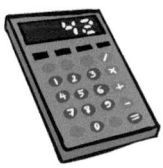

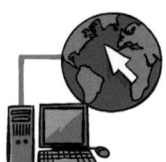

laptop

لپ تاپ

levél

لیک

üzenet

پیغام

mobiltelefon

موبایل

hálózat

نیتورک

fénymásoló

فوتوکاپیر

szoftver

سافتویر

telefon

تلیفون

konnektor

پلک ساکت

faxgép

فکس مشین

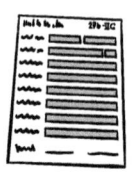

formanyomtatvány

فارم

dokumentum

سند

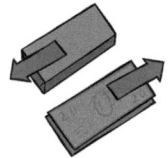

venni

پيرل

fizetni

تاديه کول

kereskedni

سوداگري کول

pénz

پيسي

dollár

ډالر

euró

يورو

jen

ين

rubel

ربل

svájci frank

سويسي فرانک

kínai jüan

رينمينبي يوان

rúpia

روپۍ

bankautomata

د نغدي پيسو خای

valutaváltó iroda

د اسعارو د تبادلي دفتر

arany

سره زر

ezüst

سپین زر

olaj

تیل

energia

انرژي

ár

نرخ

szerződés

قرارداد

adó

مالیه

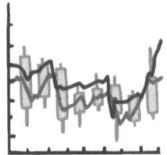

részvény

اسهام

dolgozni

کار کول

munkavállaló

کارمند

munkaadó

کار گومارونکی

gyár

فابریکه

üzlet

پلورندخی

foglalkozások

مسلکونه

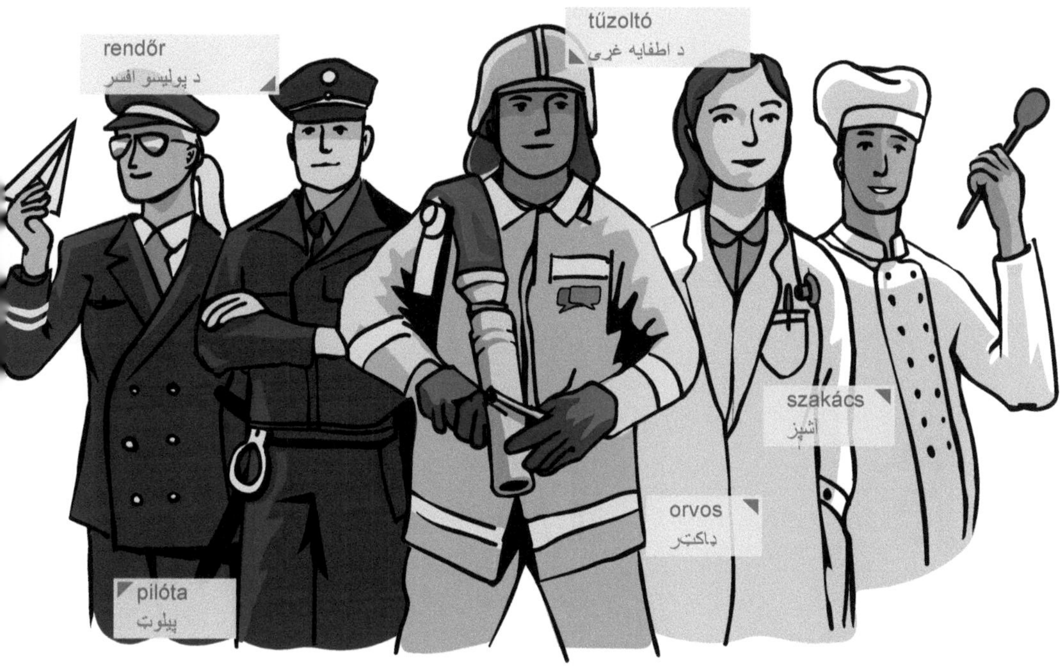
rendőr
د پولیسو افسر
tűzoltó
د اطفایه غری
szakács
آشپز
orvos
ډاکټر
pilóta
پیلوټ

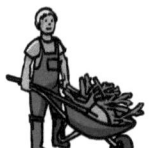

kertész

باغوان

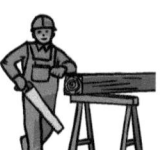

kárpitos

نجار

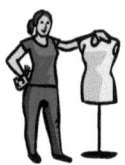

varrónő

خیاط

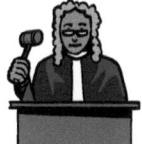

bíró

قاضي

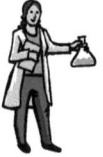

vegyész

کیمیا پوه

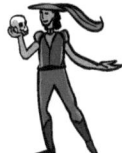

színész

د فلم لوبغاری

buszsofőr

د بس ډرايور

taxisofőr

د ټيکسي ډرايور

halász

کب نيونکی

bejárónő

خدمه

tetőfedő

بام جوړونکی

pincér

پيشخدمت

vadász

ښکاري

festő

نقاش

pék

نانوا

villanyszerelő

د برېښنا کارکونکی

építőmunkás

تعمير جوړونکی

mérnök

انجنير

hentes

قصاب

vízvezeték-szerelő

نلدوان

postás

پوست رسونکی

katona

سرتیری

építész

مهندس

eladó

صراف

virágos

مالیار

fodrász

نایی

kalauz

کلیندر

műszerész

میکانیک

kapitány

کپتان

fogorvos

د غاښونو ډاکتر

tudós

ساینس پوه

rabbi

ښاغلی

imám

امام

szerzetes

مذهبي نفر

lelkész

پادري

szerszámok

لوازم

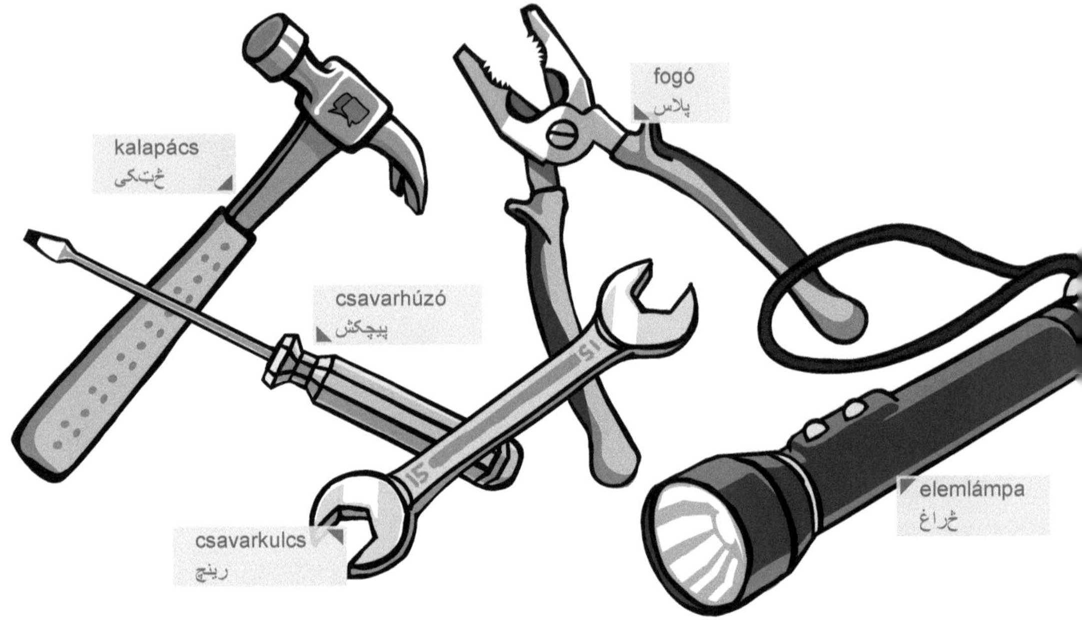

kalapács
څټکی
fogó
پلاس
csavarhúzó
پیچکش
csavarkulcs
رینچ
elemlámpa
څراغ

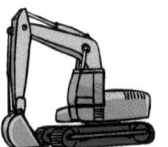

markológép

کنستونکی

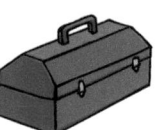

szerszámosláda

د لوازمو بکس

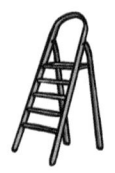

vödör

زینه

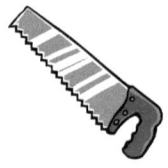

fűrész

اره

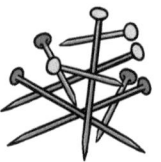

szög

میخونه

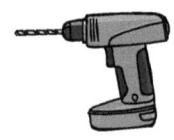

fúrógép

برمه

megjavítani

ترمیم کول

lapát

بیل

A francba!

لعنت!

szemétlapát

خاک انداز

festékesdoboz

مشواری

csavar

پیچونه

hangszerek

د میوزیک آلات

dobfelszerelés

درم سیټ

hangszóró

لاوډ سپیکر

gitár

ګیتار

nagybőgő

کنټرباس

trombita

ترومپیټ

zongora

پیانو

hegedű

وایلن

basszusgitár

باس

üstdob

نغاره

dobok

درمونه

digitális zongora

كي بورد

szaxofon

سیکسافون

fuvola

شپیلی

mikrofon

مایکروفون

állatkert

ژوبڼ

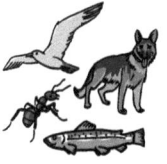

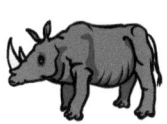

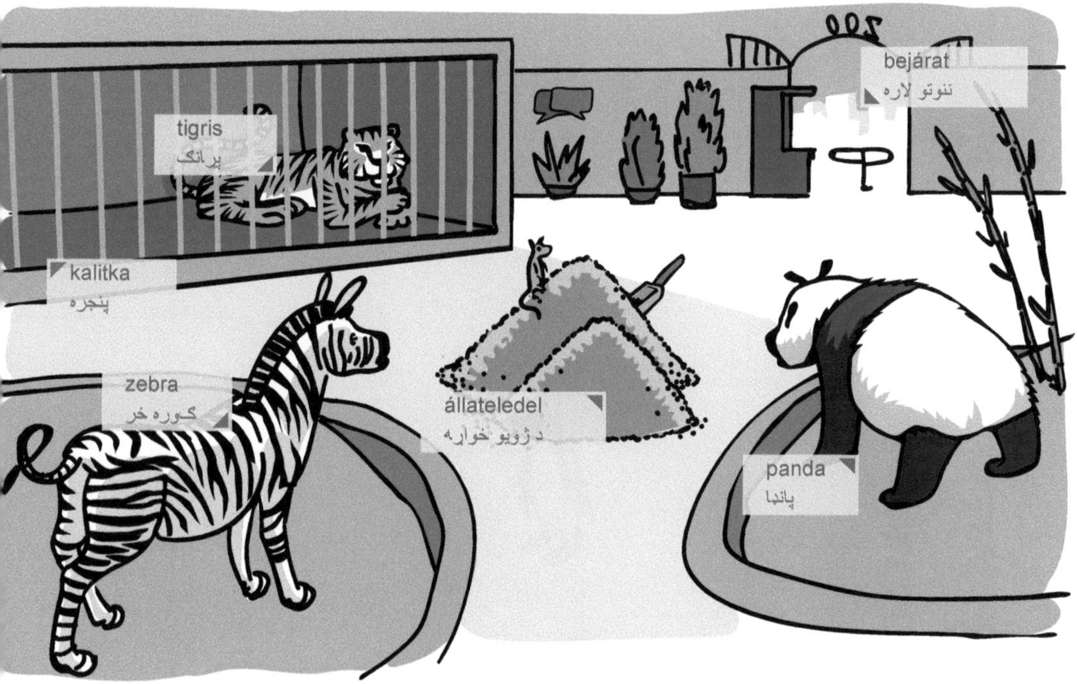

bejárat
ننوتو لاره
tigris
پړانګ
kalitka
پنجره
zebra
ګوره خر
állateledel
د ژويو خواره
panda
پاندا

állatok
ژوی

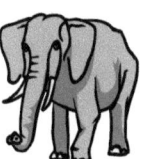

elefánt
هاتي

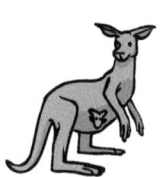

kenguru
کنګرو

orrszarvú
د اوبو اسپ

gorilla
ګوريلا

medve
ايږه

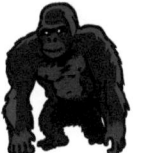

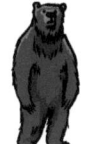

teve

اوښ

strucc

ښترمرغ

oroszlán

زمری

majom

بيزو

flamingó

غزى

papagáj

طوطي

jegesmedve

قطبي ايره

pingvin

پينگوين

cápa

شارک

páva

طاوس

kígyó

مار

krokodil

تمساح

állatgondozó

ژوبڼ ساتونكى

fóka

سيل

jaguár

جگوار

póniló

یابو

leopárd

پرانگ

víziló

هیپو

zsiráf

زرافه

sas

باز

vaddisznó

نرخوک

hal

کب

teknős

شمشتی

rozmár

سمندري نولی

róka

گیدره

gazella

هوسی

amerikai futball
امریکایی فټبال

kerékpározás
سایکل چلول

tenisz
تنیس

kosárlabda
باسکیټبال

úszás
لامبو

boksz
باکسینګ

jégkorong
د کنکل هاکي

futball
....
فټبال

tollas
....
کسیزه

atlétika
....
د خغاستي لوبي

kézilabda
....
د هندبال

síelés
....
سکي

lovaspóló
....
پولو

nevetni
خندل

ugrani
ټوپ وهل

ölelni
غاړه ورکول

sétálni
کرخيدل

énekelni
سندري ويل

álmodni
خوب ليدل

dicsérni
عبادت کول

csókolni
مچو کول

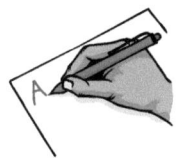

írni

ليکل

rajzolni

کښل

mutatni

ښودل

tolni

ټېله کول

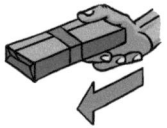

adni

ورکول

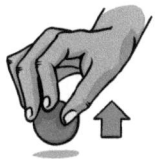

vinni

اخيستل

birtokolni

درلودل

csinálni

کول

lenni

پاييدل

állni

ودريدل

futni

منډي وهل

húzni

راکښل

hajít

کوزارل

esni

لويدل

hazudni

ټمﻻستل

várni

انتظار کول

vinni

ورل

ülni

کښيناستل

felvenni

پوښاک اغوستل

aludni

ويده کيدل

felébredni

پاخيدل

x

ránézni

كتل

sírni

ژړل

simogat

بريد كول

fésülni

ګـمنځ كول

beszélni

خبري كول

megérteni

پوهيدل

kérdezni

غوښتل

hallgatni

اوريدل

inni

څښل

enni

خورل

takarítani

پاكول

szeretni

مينه كول

főzni

پخلى كول

vezetni

موټر چلول

szállni

الوتل

vitorlázni

بیری چلول

számol

حساب

olvasni

لوستل

tanulni

زده کول

dolgozni

کار کول

házasodni

واده کول

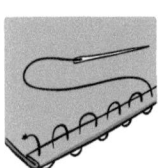

varrni

ګندل

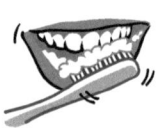

fogat mosni

د غاښونو برس کول

ölni

وژل

dohányozni

سگرټ څښل

küldeni

لیږرل

család

کورنۍ

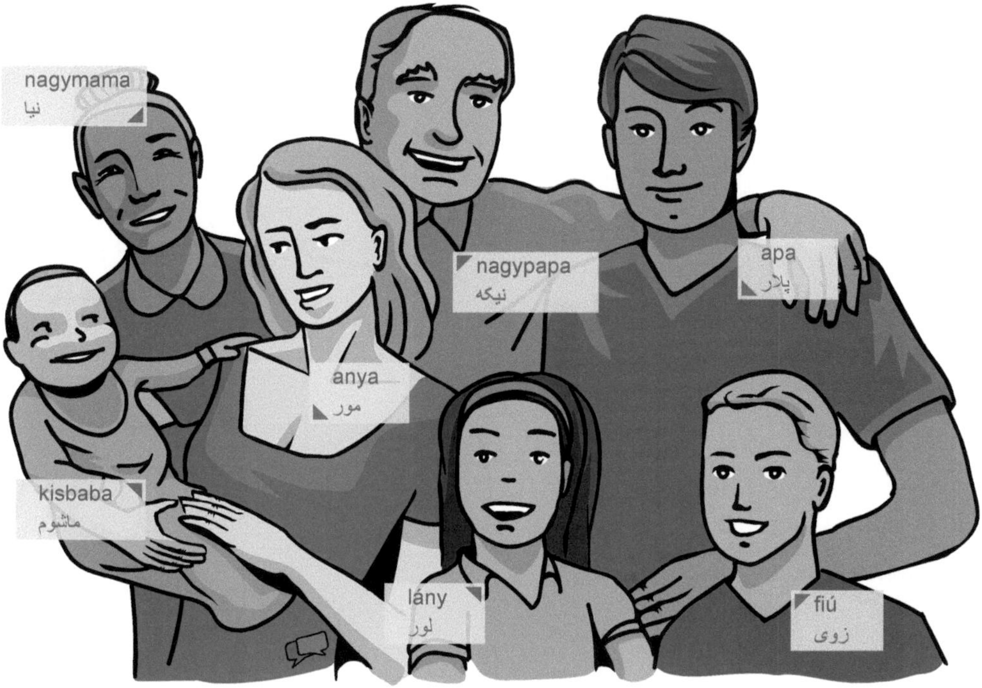
nagymama
نیا
nagypapa
نیکه
apa
پلار
anya
مور
kisbaba
ماشوم
lány
لور
fiú
زوی

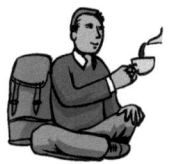

vendég

میلمه

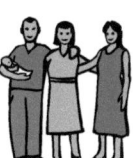

nagynéni

ترور

nagybácsi

کاکا/ماما

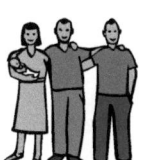

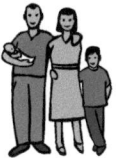

fiútestvér

ورور

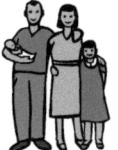

lánytestvér

خور

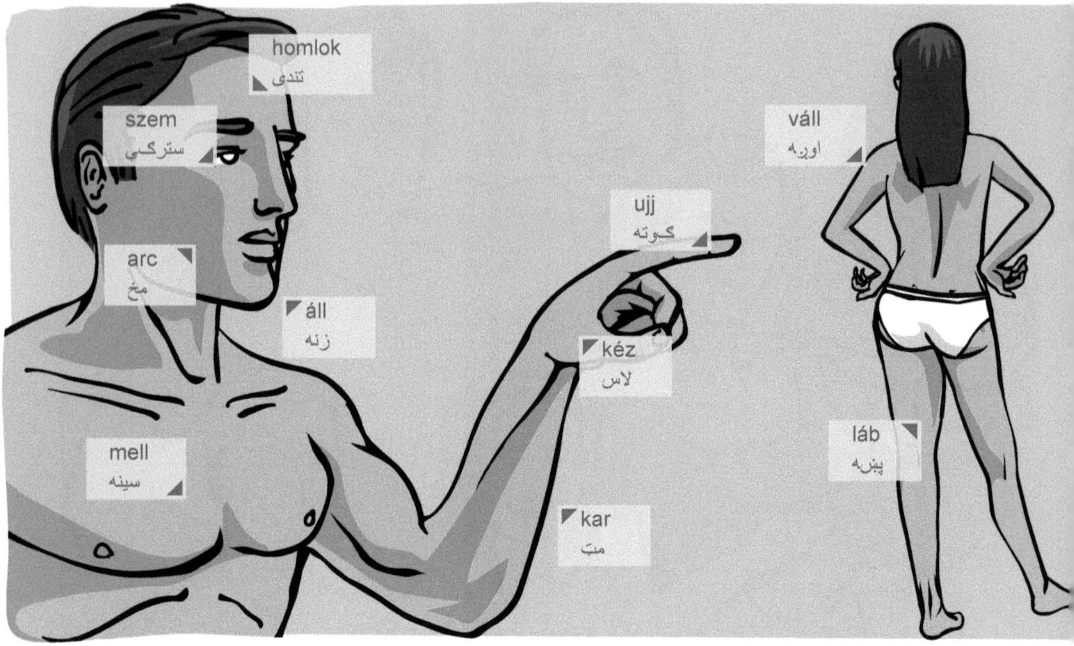

homlok
تندى

szem
سترکی

váll
اوږه

arc
مخ

ujj
کوته

áll
زنه

kéz
لاس

mell
سينه

láb
پښه

kar
مټ

kisbaba
....
ماشوم

ember
....
سړى

nő
....
ښځه

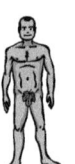

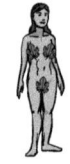

lány
....
انجلى

fiú
....
هلک

fej
....
سر

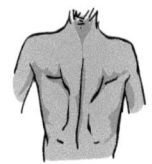

hát

شا

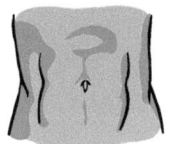

has

خيټه

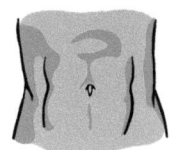

köldök

نوم

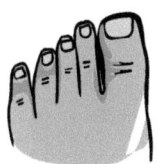

lábujj

د پښي ګوته

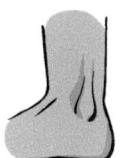

sarok

پونده

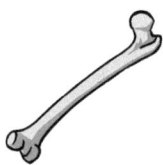

csont

هډوکی

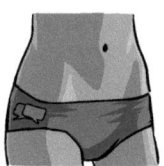

csípő

كوناتى

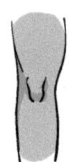

térd

زنګون

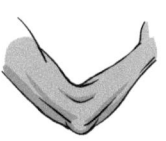

könyök

څنګل

orr

پوزه

fenék

لاندي برخه

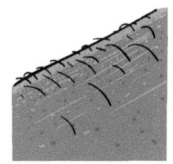

bőr

پوستکی

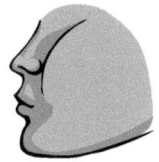

orca

غومبوری

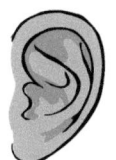

fül

غوږ

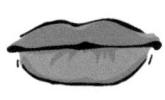

ajak

شونډه

száj

خوله

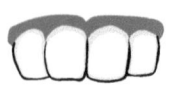

fog

غاښ

nyelv

ژبه

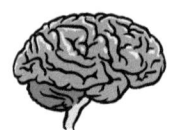

agy

مغز

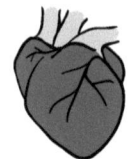

szív

زړه

izom

عضله

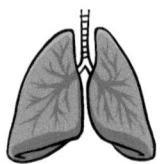

tüdő

سږی

máj

ځيګر

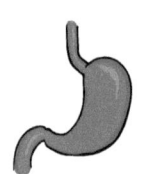

gyomor

معده

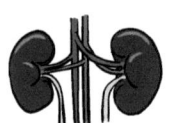

vese

پښتورګي

szex

جنسي نږدي والی

kondom

كاندوم

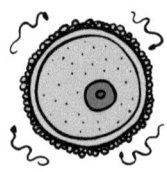

petesejt

تخمه

sperma

مني

terhesség

حمل

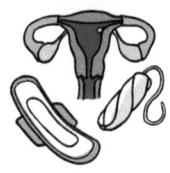

menstruáció

حيض

vagina

مهبل

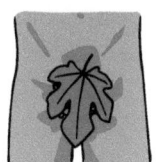

pénisz

د نارينه تناسلي آله

szemöldök

وروځى

haj

ويښته

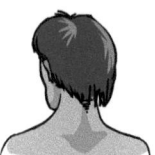

nyak

غاړه

kórház

روغتون

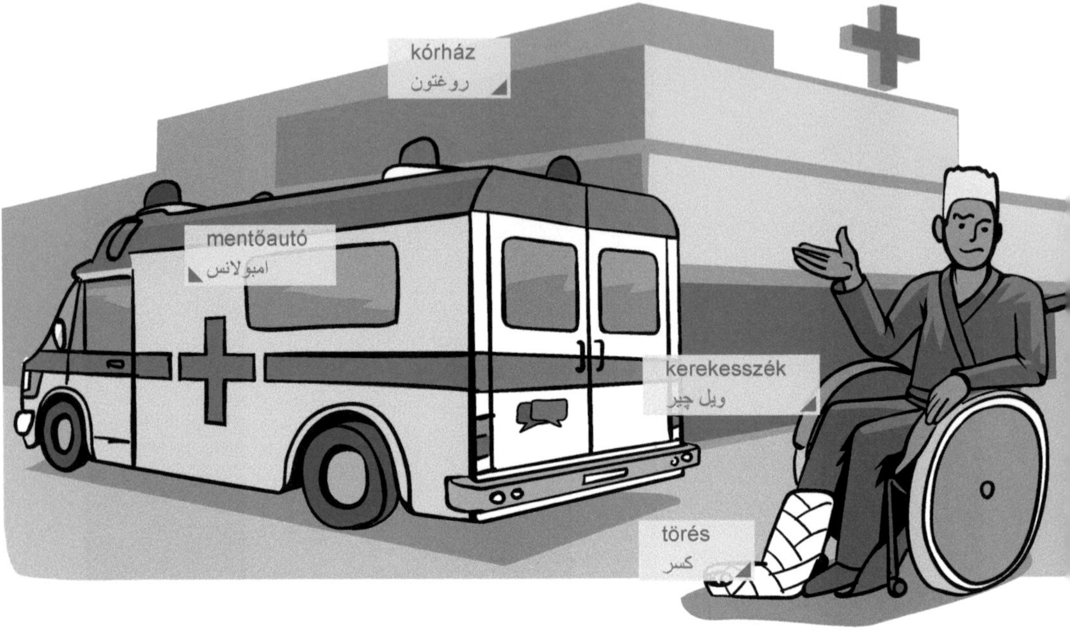

kórház
روغتون

mentőautó
امبولانس

kerekesszék
ویل چیر

törés
کسر

orvos

ډاکتر

sürgősségi osztály

عاجل خونه

ápoló

نرسخورپال

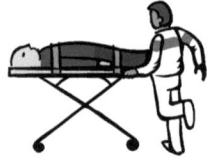

vészhelyzet

عاجل

eszméletlen

بی هوش

fájdalom

درد

sérülés

ټپ

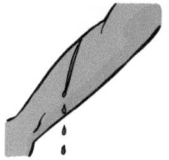

vérzés

وينه تويدل

szívroham

د زره حمله

szélütés

ضرب

allergia

حساسيت

köhögés

ټوخى

láz

تبه

influenza

انفلوينزا

hasmenés

نس ناستى

fejfájás

سر درد

rák

سرطان

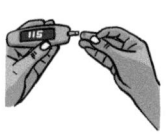

cukorbetegség

شکر

sebész

جراح

szike

سکالپل

műtét

عمليات

CT

سیتی

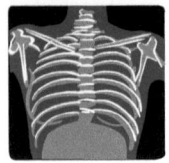

röntgen

ایکس ری

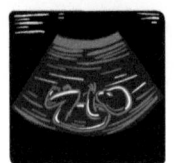

ultrahang

التراساوند

arcmaszk

د مخ ماسک

betegség

ناروغي

váróterem

انتظار خونه

mankó

امساآ

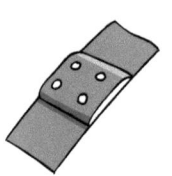

sebtapasz

پلستر

kötszer

بنداژ

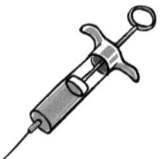

injekció

تزریق

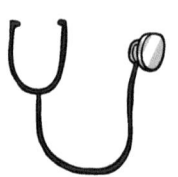

sztetoszkóp

ستاتسکوپ

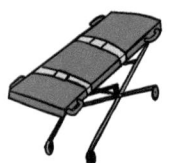

hordágy

تسکیره

klinikai hőmérő

کلینکي ترمامیتر

születés

زیږون

túlsúly

زیات وزن

hallókészülék

د اوريدو مرسته

fertőtlenítőszer

د عفونيت ځخه پاکونکي مواد

fertőzés

عفونيت

vírus

ويروس

HIV/AIDS

ایچ.آی.وی/ایدز

orvosság

درمل

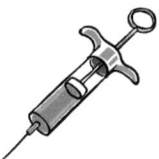

oltás

واکسين

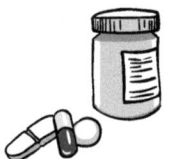

tabletták

ټابلیټس

tabletta

ګولی

sürgősségi hívás

عاجل تليفون

vérnyomásmérő

د ويني د فشار څارونکی

betegség / egészség

ناروغ/روغ

Segítség!

مرسته!

riasztás

الارم

rajtaütés

يرغل

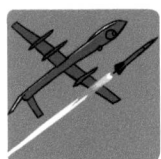

támadás

بريد

veszély

خطر

vészkijárat

عاجل لاره

tűz!

اور!

tűzoltókészülék

د اور وژونکی

baleset

پيښه

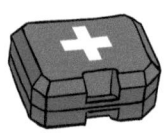

elsősegélycsomag

د لومړی مرستي لوازم

SOS

ايس.او.ايس

rendőrség

پوليس

Európa

اروپا

Észak-Amerika

شمالي امريكا

Dél-Amerika

سهيلي امريكا

Afrika

افريقا

Ázsia

آسيا

Ausztrália

آسټريليا

Atlanti-óceán

اتلانتيک

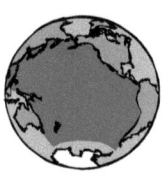

Csendes-óceán

پاسيفيک

Indiai-óceán

د هند بحر

Déli-óceán

جنوبي منجمد بحر

Jeges-tenger

د شمال قطب بحر

Északi-sark

شمالي قطب

Déli-sark

سهيلي قطب

Antarktisz

انتـاركتـيكا

föld

خُمكه

szárazföld

خُمكه

tenger

بحر

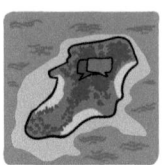

sziget

تـاپو

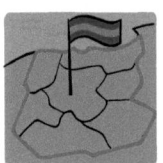

nemzet

ملت

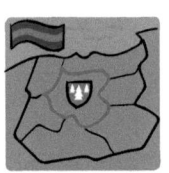

állam

دولت

számlap

د مخي ساعت

kismutató

د ساعت ستنه

nagymutató

د دقيقي ستنه

másodpercmutató

د ثانيى ستنه

Mennyi az idő?

څه وخت دى؟

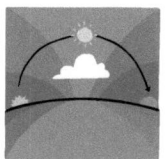

nap

ورځ

idő

وخت

most

اوس

digitális óra

ډيجيټل ساعت

perc

دقيقه

óra

ساعت

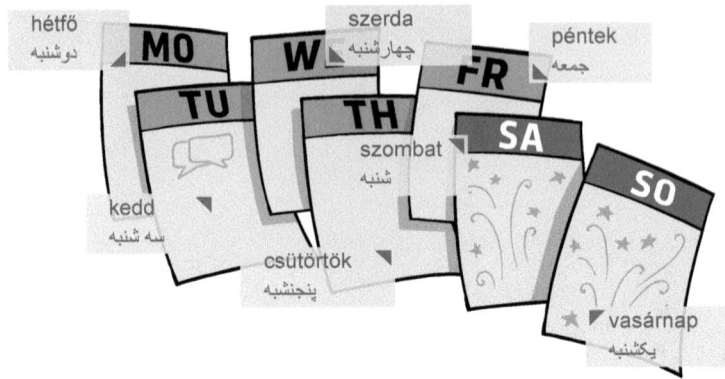

hétfő
دوشنبه

szerda
چهارشنبه

péntek
جمعه

MO

TU

W

TH

FR

SA

SO

kedd
سه شنبه

szombat
شنبه

csütörtök
پنجشنبه

vasárnap
يكشنبه

tegnap

پرون

ma

نن

holnap

سبا

reggel

سهار

dél

غرمه

este

ماښام

MO	TU	WE	TH	FR	SA	SU
1	2	3	4	5	6	7
8	9	10	11	12	13	14
15	16	17	18	19	20	21
22	23	24	25	26	27	28
29	30	31	1	2	3	4

hétköznap

کاري ورځي

MO	TU	WE	TH	FR	SA	SU
1	2	3	4	5	6	7
8	9	10	11	12	13	14
15	16	17	18	19	20	21
22	23	24	25	26	27	28
29	30	31	1	2	3	4

hétvége

د اونۍ پای

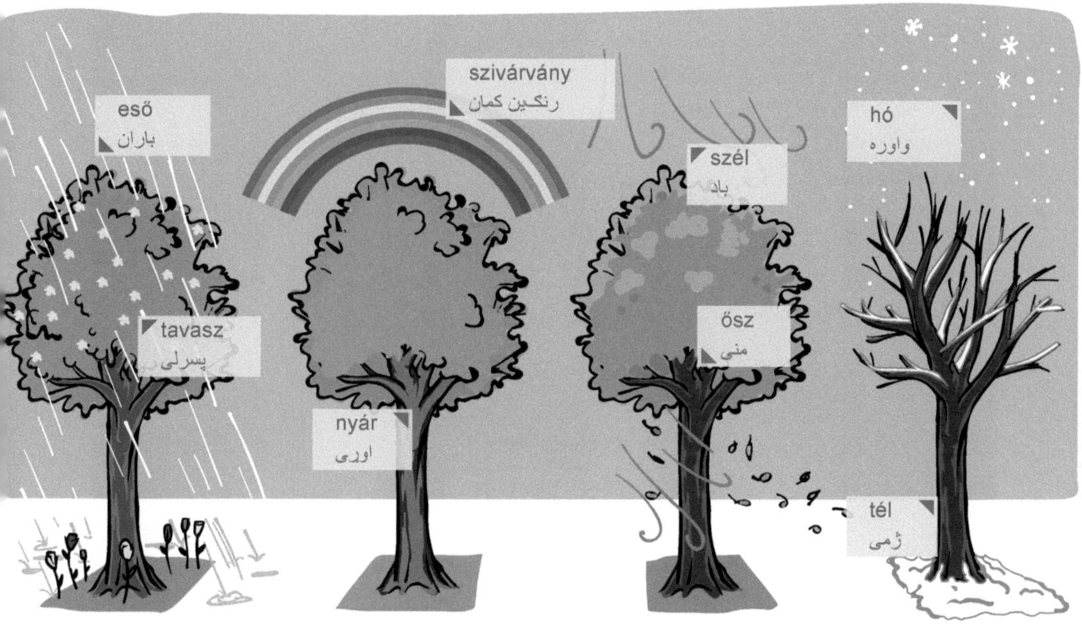

eső
باران
szivárvány
رنګين کمان
hó
واوره
szél
باد
tavasz
پسرلی
ősz
منی
nyár
اوړی
tél
ژمی

4.APRIL 11°
5.APRIL 4°
6.APRIL 13°
7.APRIL 8°
8.APRIL 10°

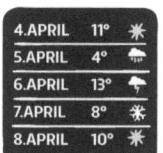

időjárás előrejelzés

د موسم وړاندوینه

F
C
120
90
60
30
0
-30
40
30
20
10
0
-10
-20

hőmérő

ترمومیټر

napsütés

د لمر وړانګي

felhő

وريځ

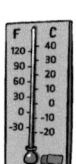

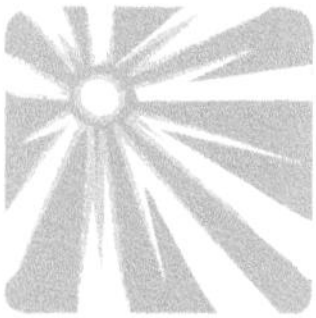

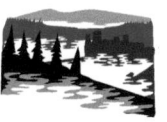

köd

لړه

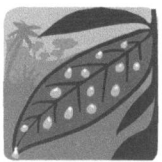

páratartalom

رطوبت

villámlás

رعد

mennydörgés

تندر

vihar

توفان

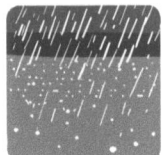

jégeső

ژلى وريدل

monszun

مون سون باران

áradás

سيلاب

jég

يخ

január

جنوري

február

فبروري

március

مارچ

április

اپريل

május

مى

június

جون

július

جولاى

augusztus

اګست

szeptember

سپتمبر

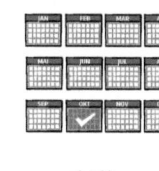

október

اکتوبر

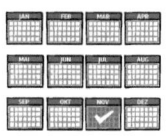

november

نومبر

december

دسمبر

alakzatok

شکلونه

kör

دايره

négyzet

مربع

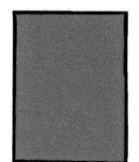

téglalap

مستطيل

háromszög

مثلث

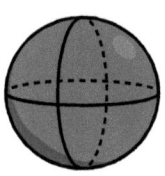

gömb

توپ

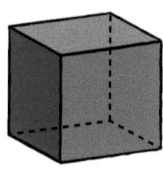

kocka

فال

fehér

سپين

sárga

ژير

narancs

نارنجي

rózsaszín

گلابي

piros

سور

lila

ارغواني

kék

نيلي

zöld

شين

barna

نسواري

szürke

خر

fekete

تور

sok / kevés

خورا ډير/خورا لږ

mérges / nyugodt

قار/ارام

szép / csúnya

ښکلي/بدشکله

kezdet / vég

پيل/پای

nagy / kicsi

لوی/کوچنی

világos / sötét

روښانه/تیاره

fivér / nővér

ورور/خور

tiszta / koszos

پاک/ککر

teljes / nem teljes

مکمل/نامکمل

nappal / éjszaka

ورځ/شپه

halott / élő

مړ/ژوندی

széles / keskeny

پراخه/نری

ehető / nem ehető

د خوراک وړ/نه خورل کیدونکی

gonosz / kedves

بد/مهربان

izgatott / unott

پاریدلی/بی خونده

kövér / vékony

چاق/وچ

első / utolsó

لومړی/وروستی

barát / ellenség

ملگری/دښمن

teli / üres

ډک/تش

kemény / puha

سخت/نرم

nehéz / könnyű

درون/سپک

éhség / szomjúság

لوږه/تنده

betegség / egészség

ناروغ/روغ

illegális / legális

غیرقانوني/قانوني

intelligens / buta

هوښیار/ساده

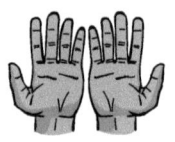

bal / jobb

کین/ښی

közel / távol

نږدې/لرې

új / használt

نوی/لرور

semmi / valami

هیڅ/یوڅه

idős / fiatal

بدا/ځوان

be / ki

چاالان/بند

nyitva / zárva

خلاص/ترلی

csendes / hangos

غلی/لور غږ

gazdag / szegény

بډایه/غریب

helyes / helytelen

صحیح/غلط

érdes / sima

زبر/ملایم

szomorú / vidám

خفه/خوش

rövid / hosszú

لنډ/اوږد

lassú / gyors

سست/گرندی

nedves / száraz

لوند/وچ

meleg / hideg

گرم/یخ

háború / béke

جگړه/سوله

0	**1**	**2**
nulla	egy	kettő
صفر	يو	دوه

3	**4**	**5**
három	négy	öt
دري	څلور	پنځه

6	**7**	**8**
hat	hét	nyolc
شپږ	اوه	اته

9	**10**	**11**
kilenc	tíz	tizenegy
نهه	لس	يولس

12
tizenkettő

سولدو

13
tizenhárom

سلاريد

14
tizennégy

سلارواغ

15
tizenöt

سلخنپ

16
tizenhat

سراپش

17
tizenhét

سلوو

18
tizennyolc

سلتا

19
tizenkilenc

سلونو

20
húsz

شل

100
száz

لس

1.000
ezer

رز

1.000.000
millió

ميليون

angol

انگلسي

amerikai angol

امريكايی انگلسي

mandarin kínai

چينايی مندرين

hindi

هندي

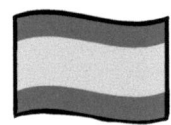

spanyol

هسپانوي

francia

فرانسوي

arab

عربي

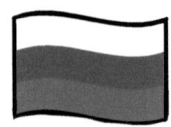

orosz

روسي

portugál

پرتگالي

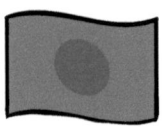

bengáli

بنگالي

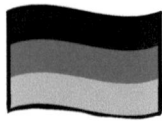

német

آلماني

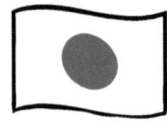

japán

جاپاني

én

زه

te

ته

ö

هغه/دغه/دا

mi

موږ

ti

تاسي

ök

دوی/هغوی

ki?

ئوک؟

mi?

څه؟

hogyan?

څنګه؟

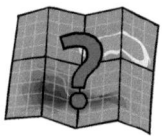

hol?

چیري؟

mikor?

کله؟

név

نوم

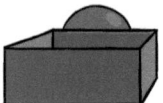

mögött

شاته

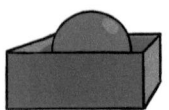

benne

پہ

elötte

پہ مخه کي

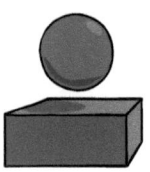

felette

باندي

rajta

پہ

alatta

لاندي

mellett

برسيره پر

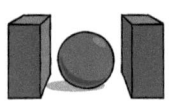

között

ترمينځ

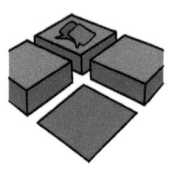

hely

ځای